EL EQUIPO HABLA

Libera el potencial de tu equipo a través de la conversación

Enric Lladó

KOLIMA BOOKS

Categoría: Directivos y líderes | Colección: Biblioteca Enric Lladó

Título original: *El equipo habla.*
Libera el potencial de tu equipo a través de la conversación

Primera edición: Octubre 2021
© 2021 Editorial Kolima, Madrid
www.editorialkolima.com

Autor: Enric Lladó Micheli
Dirección editorial: Marta Prieto Asirón
Maquetación de cubierta: Sergio Santos Palmero
Maquetación: Carolina Hernández Alarcón

ISBN: 978-84-18811-32-6

INDICE

Pocas experiencias profesionales son tan gratificantes como participar en un verdadero equipo.

Desde el minuto cero te sientes en un lugar especial, importante. Donde vale la pena estar y donde apetece contribuir. Hay una energía inusual flotando en el ambiente, una especie de magia, que aporta un gran sentido.

Pero no un sentido racional o intelectual. Es más bien una sensación de certeza, de estar en el lugar correcto haciendo lo que realmente quieres hacer en ese momento. La realización es total. Por eso quien lo prueba siempre quiere más.

Y si no lo encuentra, tarde o temprano acaba inmerso en el gran misterio: ¿Cuál es el secreto de esa magia? ¿Cómo invocarla?

Las técnicas más sofisticadas y los hechizos más complejos son siempre los más llamativos y por eso los más vendidos.

Pero al final del camino, la gran sorpresa es descubrir que lo verdaderamente mágico acaba siendo siempre lo más sencillo.

CAMBIO DE PARADIGMA

Me contrata una empresa multinacional para un proyecto de desarrollo de su Comité de Dirección.

Tras varios meses trabajando en la visión del equipo, su misión, sus objetivos, sus roles, sus procesos…, me doy cuenta de que todo ese trabajo queda muy bien en Power-Point… pero que en esencia el equipo ha cambiado poco.

Su día a día sigue siendo bastante parecido al que tenía antes de iniciar el costoso proceso. Sinceramente, mis expectativas eran otras. Yo andaba buscando algo más.

Lo intento de nuevo con otro equipo. Procuro hacerlo aún mejor. Sigo el método a rajatabla. Pero continúo obteniendo un resultado parecido.

Trato de explicarme a mí mismo el porqué, pero me doy cuenta de que solo me auto-engaño con excusas.

Ellos no son el problema; el problema soy yo.

LA FARRA

Me llaman de una empresa para que lleve a cabo unas actividades de «teambuiding» con algunos de sus equipos.

—Pero es importante que sea muy divertido y que se lo pasen muy bien. A nuestros empleados no les gustan las teorías, ya me entiendes... —me dice la responsable de Recursos Humanos.

Le remito amablemente a una agencia que organiza conferencias, espectáculos de magia para empresas, *shows* de animación para residencias de ancianos...

Se lo cuento a mi mujer un poco frustrado.

—En realidad no creen en esto. Y así se marcan una buena juerga, se lo pasan bien y de paso cubren el expediente —me responde.

En el fondo tienen razón.

Nuestros métodos convencionales no acaban de funcionar y por eso no convencen.

SUPERSTICIÓN

El brujo del poblado advierte que para que vuelva la lluvia es necesario echar sal en la entrada de las chozas.

Al cabo de unos días, el jefe de la tribu se queja de que sigue sin llover.

—No estáis echando suficiente sal, echad más —es la respuesta del mago.

Los modelos convencionales de desarrollo de equipos operan bajo el paradigma del pensamiento supersticioso: si todo el mundo lo hace así debe ser porque es lo correcto.

Y si no da el resultado que esperaba, quizás es que no lo estoy haciendo suficientemente bien o con la intensidad necesaria.

Contrariamente a lo que solemos pensar, las empresas son muy dadas a los comportamientos supersticiosos.

Y para los brujos y los consultores, la superstición es un negocio excelente.

ARTESANÍA

¿Cómo podemos hacer que nuestro país tenga un sistema educativo mejor?

Si les hacemos esta pregunta a los que de verdad saben del tema, es decir, a los maestros, la respuesta siempre es unánime: bajen ustedes la ratio.

Cada alumno tiene necesidades diferentes, y si queremos ayudarles a sacar su máximo potencial, no les podemos tratar a todos por igual. Por eso hacen falta clases reducidas y dedicación personalizada.

La educación no es un trabajo en serie como fabricar coches, sino un trabajo artesanal, como pintar un cuadro o cultivar un jardín. Cada niño es un proyecto especial y diferente.

Pues bien, la consultoría convencional de equipos de alto rendimiento peca de un enfoque industrial que trata a todos los equipos por igual y ofrece las mismas recetas para todos.

El objetivo es producir equipos de alto rendimiento en serie, como churros, lo cual es en sí mismo una contradicción.

El trabajo con equipos de alto rendimiento es artesanal. Cada equipo tiene potenciales y necesidades diferentes que además van cambiando con el tiempo.

Si aplicamos el mismo modelo para todos obtendremos un cierto rendimiento, pero ni nos acercaremos al máximo desempeño posible.

A nadie le pasaría por la cabeza emplear el mismo método para entrenar a Messi que a Cristiano Ronaldo. Entonces, ¿por qué lo hacemos con nuestros equipos?

Quizás porque en el fondo todavía no creemos en su verdadero potencial.

Y así es como los líderes y los consultores nos convertimos en el mayor freno de todos.

ESPONTANEIDAD

Los seres humanos aprendemos a hablar de manera natural sin necesidad de métodos ni instrucciones.

Pero el lingüista describe las reglas que se esconden en nuestro idioma y pretende que los estudiantes lo aprendan enseñándoles gramática.

No es el mejor método.

–¡Pero acaban aprendiendo, oiga! –dice el lingüista.

Y es cierto, acaban aprendiendo... a pesar del método.

Cuando el equipo directivo de una empresa destaca consiguiendo resultados fuera de lo común, entonces aparecemos los consultores para estudiar cómo lo hacen.

Creamos un modelo y se lo enseñamos a otros para que puedan replicar su éxito. Para que puedan copiarles, vamos.

No es el mejor método.

—¡Pero mejoran algo, oiga!

Sí, es cierto... a pesar del método.

La cruda realidad es que el exitoso equipo al que intentamos copiar nunca tuvo un consultor que le dijera qué hacer.

Menos mal.

Así pudieron actuar de forma espontánea, haciendo lo que sentían de acuerdo con su inteligencia y sus instintos de equipo.

INSTINTO

Las manadas de lobos saben aprovechar muy bien sus diferencias físicas.

Cuando cazan grandes presas, las hembras, que son mucho más ligeras, dirigen la estampida. Mientras que los machos, que son más pesados, suelen ser los que atacan a los animales que han quedado separados del rebaño.

Ningún consultor les ha explicado cómo hacerlo. Ni siquiera el macho alfa, el líder de la manada.

Su comportamiento surge de manera espontánea porque están programados para ello a través de su instinto.

Los equipos de alto rendimiento funcionan también por instinto. Cualquier intento de cambiar su manera de organizarse mediante las instrucciones externas de un consultor o del propio líder tiene un efecto contraproducente.

Porque les desconecta de ese instinto natural.

POPEYE

Circulan por YouTube las imágenes de un tipo que se ha implantado músculos de silicona en los brazos. Tanta silicona se ha metido que parece Popeye.

Al tipo no se le ocurre otra cosa que apuntarse a una pelea profesional para demostrar su poder. De la primera torta sale despedido del ring.

Es cierto que cuando observamos a los equipos de alto rendimiento vemos una serie de características comunes como por ejemplo que comparten una visión ilusionante del futuro, unos mismos objetivos, que sus procesos de trabajo están altamente optimizados, etc.

Pero lo que no tiene mucho sentido es forzarlos a definir esa visión, o a redefinir esos roles o esos procesos... Sería como intentar meterles músculos de silicona.

El verdadero músculo se genera desde dentro de manera natural, orgánica y espontánea.

CAUSA O CONSECUENCIA

En mitad de la selva un chimpancé utiliza una ramita para hurgar en un hormiguero y comerse las hormigas. Es un primate muy inteligente.

¿La clave de su éxito con las hormigas es la ramita? ¿O más bien la clave de su éxito es algo en su interior que lo impulsó a emplear la ramita?

Si le damos la ramita a otro primate diferente y tratamos de enseñarle a usarla, ¿lo hará?

Visión, misión, valores, roles, procesos, etc. son una ayuda para los equipos de alto rendimiento, herramientas que emplean, un síntoma, pero no la causa primigenia de su éxito.

Hay algo anterior a todo esto mucho más importante que los lleva a construir esas herramientas.

Por supuesto son herramientas útiles. Por ejemplo, tener una visión ilusionante y motivante es sin duda una fuente de energía muy valiosa para el equipo. Y es cierto que los equipos de alto rendimiento suelen tener esa visión. Aunque no le llamen visión, aunque no esté en un PowerPoint, incluso aunque no sean conscientes de ello.

Pero esa visión no la puede forzar un consultor desde fuera; ni siquiera el propio líder del equipo.

La auténtica visión del equipo emerge desde dentro, de manera natural, gradual y sin procesos definidos *a priori*.

Sencillamente un día sucede que están hablando, quizás tomando un café en un encuentro casual. Y casi sin darse cuenta empieza a surgir. A medida que pasan las semanas, siguen dándole vueltas porque les gusta y les inspira. Entonces esa visión va tomando más y más cuerpo hasta convertirse en una poderosa palanca del equipo.

Pero no nos engañemos: el equipo ya era de alto rendimiento antes de elaborar esa visión y es precisamente por eso por lo que esa visión pudo emerger.

EL EMERGENTE

Voy a recoger el coche al taller y cuando llego me encuentro con un sinfín de piezas esparcidas por el suelo.

Le pregunto al mecánico qué es ese lío que tienen allí organizado y me dice que es una moto completamente desmontada.

Viendo todas las piezas sueltas, nadie lo diría.

En realidad, ese conjunto de piezas no es una moto.

Una moto es el resultado de ensamblar todas esas piezas de cierta manera.

Del mismo modo, un equipo no es un grupo de personas: un equipo es aquello que emerge cuando esas personas son capaces de relacionarse entre ellas de la manera adecuada.

LA RELACIÓN

La posesión del balón es una variable clave en el fútbol moderno.

En primer lugar, porque mientras un equipo tiene el balón no puede recibir ningún gol.

Y en segundo lugar, porque para marcarle un gol al rival hace falta disparar a puerta, y para disparar a puerta hace falta disponer de la pelota.

Pero el verdadero motor de esa posesión es el número de pases que el equipo acaba haciendo a lo largo del partido.

Estadísticamente, la correlación que existe entre el número de pases y la posesión del balón está por encima del noventa por ciento.

Tiene sentido.

Porque si un jugador permanece con la pelota durante mucho rato, lo más probable es que se la acaben robando.

En cambio, cuando los pases son constantes, la dificultad para quitarle la pelota al equipo se multiplica.

De la misma manera, el verdadero motor de cualquier equipo de alto rendimiento es la relación que se genera entre sus miembros.

La cantidad y la calidad de las interacciones entre ellos.

Qué hacen juntos y, sobre todo, cómo lo hacen.

Una vez se arranca ese motor, una vez se establece la relación adecuada, entonces empieza la magia.

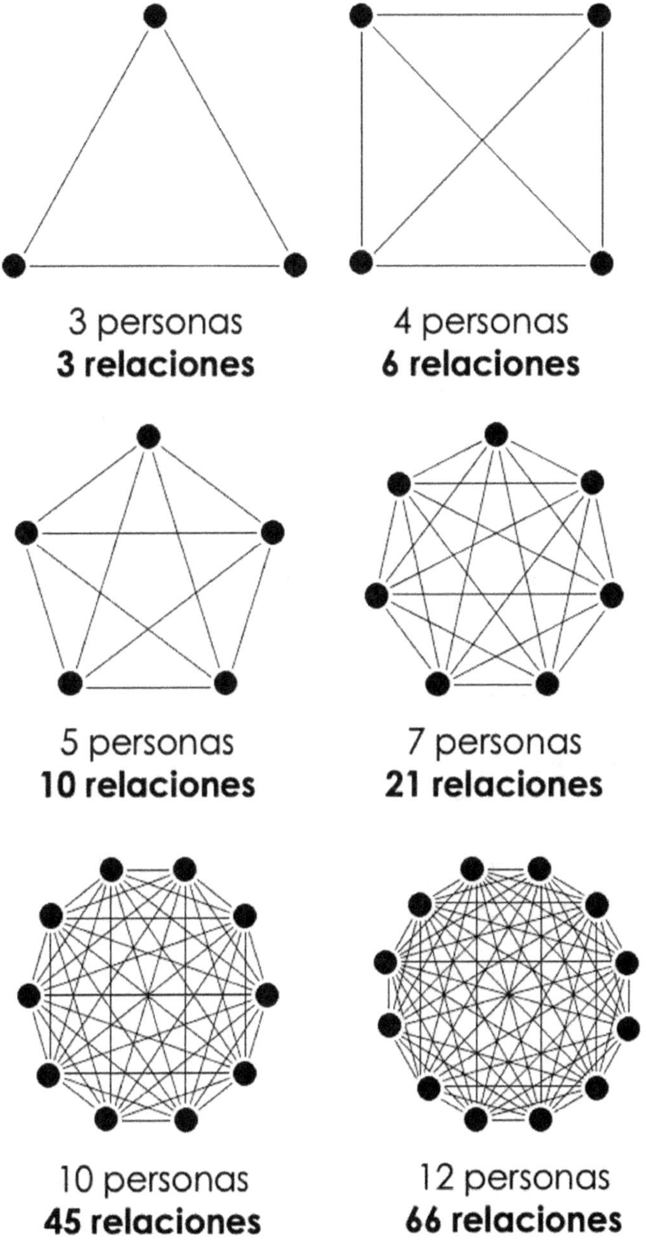

3 personas
3 relaciones
4 personas
6 relaciones
5 personas
10 relaciones
7 personas
21 relaciones
10 personas
45 relaciones
12 personas
66 relaciones

EXPONENCIALIDAD

La capacidad de un grupo aumenta a medida que las personas se relacionan e intercambian entre ellas.

Porque a través de ese intercambio su trabajo se enriquece mutuamente y muy pronto salta a un nivel que nadie del grupo hubiera podido alcanzar por sí solo.

En un grupo de tres, el número de interacciones posibles entre personas diferentes es de tres.

En uno de cuatro personas, ya son seis. Con siete personas, las conexiones posibles ascienden a veintisiete.

Con doce, hay sesenta y seis interacciones posibles entre personas diferentes...

Cuando en el grupo se facilitan todas esas relaciones, el potencial crece de manera exponencial.

REUNIÓN DE PROPIETARIOS

Las reuniones de las comunidades de propietarios son un verdadero suplicio. Da igual cuál sea la comunidad de vecinos en la que residamos, da igual la buena intención con la que acudamos a las juntas.

Tarde o temprano se convierten en un calvario interminable de discusiones y malos rollos que se repiten una y otra vez como el día de la marmota.

La relación y el intercambio entre personas diferentes pueden multiplicar la inteligencia del conjunto.

Pero lo más habitual es que simplemente multipliquen su estupidez.

Porque lo más normal es que el tipo de relación que se genere entre ellas no sea el adecuado.

Entonces los grupos, los equipos y las organizaciones se convierten en las máquinas más sofisticadas al servicio de lo absurdo, la parálisis y lo inútil.

COMPETIR O COLABORAR

El director comercial de una importante empresa me muestra orgulloso el *ranking* que utilizan en sus convenciones de ventas.

En este *ranking* aparecen todos sus vendedores, del primero al último, ordenados en función de los resultados que han obtenido en el último mes.

Cuando le pregunto para qué comparten este *ranking* en el equipo, me responde que para fomentar la «sana competencia» entre ellos.

Entonces le pregunto qué pasaría si en lugar de fomentar una relación de competencia entre ellos fomentáramos una relación de colaboración.

Qué pasaría si se apoyaran unos a otros para conseguir el máximo resultado del grupo en lugar de querer quedar los unos por encima de los otros.

Si queremos ser competitivos en el mercado, en nuestra empresa lo mejor es colaborar.

Cuanto más competitivos somos dentro, menos competitivos somos fuera.

UNIR O SEPARAR

Como de costumbre, el director comercial está discutiendo con la directora de marketing sobre quién tiene la culpa del bajón en la cifra de ventas de esta semana.

Me cuelo audazmente en mitad de su discusión y un poco burlón les suelto un:

—Queridos amigos, cada vez que dos de vosotros os dedicáis a discutir, hay alguien en la competencia que se está partiendo de risa...

Me dan la razón y bajan el tono. A ver si ahora podemos avanzar...

Efectivamente, cuando discutimos, nuestros competidores se parten de risa, y no solamente porque al competir internamente perdemos competitividad fuera.

Es también porque cuando discutimos estamos destruyendo el equipo.

Cuando yo discuto es porque veo al otro como una amenaza. Temo que pueda perjudicarme y por eso siento rechazo hacia él.

Mi rechazo me separa emocionalmente de esa persona.

Entonces no puedo evitar hablarle de otra manera, con más intensidad, puede que incluso sin darme cuenta.

Hablándole así acabo consumando esa separación, que hasta ahora estaba solo en mi mente. Porque al sentirse atacada, esa persona reacciona exactamente de la misma manera.

Discutir nos separa, mientras que colaborar nos une.

Un grupo de personas que discute es como el montón de piezas de moto tiradas por el suelo.

Ni las piezas son una moto ni las personas un equipo.

FLOW

Peloteando con las palas en la orilla de la playa. Un poco cansados de recoger pelotas todo el rato.

–¿Jugamos sin puntos? –propone mi hija.

Entonces empezamos a pasarlo realmente bien, a fluir. Y en ese fluir jugamos muchas más pelotas y las jugamos mucho mejor.

Cuando desarrollamos un equipo de alto rendimiento lo importante no es buscar los puntos.

Lo importante es buscar el *flow*.

Si buscamos los puntos, perdemos el *flow* y, acto seguido, los puntos. Pero si buscamos el *flow*, los puntos acaban llegando sin buscarlos.

El alto rendimiento es fluir en el intercambio.

Consiste en dejarnos llevar por el mero disfrute de relacionarnos con otras personas. Ese disfrute es precisamente el instinto de equipo dirigiendo nuestras acciones.

MESAS DE PING-PONG

El director de Recursos Humanos me da un hospitalario *tour* por las nuevas oficinas de su sede central. «Un sitio realmente acogedor y agradable para trabajar», pienso.

En una enorme sala polivalente, un par de mesas de ping-pong.

–Para que la gente pueda desconectar y fluir un poco más –me dice.

Me acompaña a la sala de juntas, donde asisto por primera vez a una reunión del Comité de Dirección.

La competitividad interna es brutal.

Mucho ping-pong, pero aquí se comen vivos entre ellos.

No, cuando hablamos de *flow* y juego no estamos hablando de que la gente se ponga a jugar al ping-pong en la oficina.

APORTAR

—...no puedo casarme contigo... ¡¡¡porque soy un hombre!!!

—Bueno, nadie es perfecto.

La famosa frase con la que termina «Con faldas y a lo loco» fue una improvisación.

Otra genialidad de tantas con las que el guion de la película se iba reescribiendo a medida que se rodaba.

Se llegó a cambiar incluso el formato, filmándose en blanco y negro, contraviniendo así el contrato de producción donde se establecía que se iba a rodar en tecnicolor. El resultado fue un éxito de taquilla arrollador y la creación de un gran clásico.

El verdadero *flow* en el equipo se consigue cuando todas las personas pueden aportar con libertad aquello que llevan dentro.

Expresándose sin miedos y sabiendo que su contribución siempre será tomada en consideración.

COMUNICACIÓN

Nada mejor para meternos en el partido y aumentar la concentración que hablar con los compañeros de la siguiente jugada.

Y una vez la ponemos en marcha, nada más necesario que mantener la comunicación.

Porque ni pueden leer nuestro pensamiento ni pueden darse cuenta de lo que nosotros vemos desde nuestra posición.

A no ser que se lo digamos.

En cuyo caso aumenta la coordinación y la velocidad del conjunto.

El equipo es pase, es colaboración. En definitiva, el equipo es relación.

Y la relación se coordina a través de la comunicación.

REFLEXIÓN

Las personas reflexionamos en forma de diálogo interno.

Dentro de nuestra cabeza unas voces se van sucediendo a las otras y si esa conversación interior es fluida, entonces llegamos a interesantes conclusiones.

De la misma manera, el equipo reflexiona cuando dialoga.

Cuando cada una de las voces del equipo es capaz de alternarse de manera fluida con las demás, entonces se genera una conexión entre ellas y emerge la mente grupal.

El equipo habla.

Cuando el equipo habla sobre sus problemas, es capaz de solucionarlos.

Y si además habla sobre su propio funcionamiento su potencial se dispara.

Porque adquiere la capacidad de mejorarse a sí mismo.

LA CONVERSACIÓN

GOOGLE

En el año 2012, Google emprende «Aristotle», un importante proyecto de investigación sobre 180 de sus equipos que acabará durando un total de tres años.

El objetivo de esta investigación es descubrir cómo crear el equipo perfecto.

La suposición inicial es que quizás existen determinadas combinaciones de personas que llevan al éxito. Que tal vez la mezcla adecuada de perfiles introvertidos y extrovertidos, o poner a trabajar juntas a personas que son amigas, podrían ser las claves.

La conclusión final del estudio fue que las combinaciones de personas o sus características no se correlacionaban en absoluto con los resultados del equipo.

Es decir, el «quién» no era importante. Lo que verdaderamente se correlacionaba con el rendimiento del equipo era el «cómo».

La manera en la que estas personas hablaban entre ellas.

Específicamente observaron que en las conversaciones de los mejores equipos ocurrían dos cosas muy concretas.

En primer lugar, todas las personas acababan hablando en las reuniones la misma cantidad de tiempo. Es decir, todos tenían las mismas oportunidades para poder expresarse.

Y cuando en un equipo una o varias personas aumentaban su protagonismo sobre las demás, entonces el rendimiento disminuía sensiblemente.

En segundo lugar, en los equipos exitosos había una escucha de calidad.

Por ejemplo, en estos grupos los miembros cerraban sus portátiles y establecían contacto visual con sus interlocutores.

O había un elevado grado de repetición y reformulación de lo que las otras personas estaban diciendo.

AMAZON

Jeff Bezos explica que en sus reuniones no se permite el uso de PowerPoint y que la primera media hora siempre discurre en completo silencio.

Durante ese espacio de tiempo, los miembros del equipo están leyendo tranquilamente el «six-pager» que alguno de ellos ha elaborado cuidadosamente para la reunión.

Ese «six-pager» es un trabajo de varios días que ha supuesto la involucración de muchas personas y una re-edición continua hasta llegar a la refinada versión que los miembros del equipo tienen en sus manos.

A diferencia de lo que ocurre con los documentos de PowerPoint, en el «six-pager» no puede haber «bullet points», sino solamente frases elaboradas, auto-explicativas que puedan ser comprendidas perfectamente por el lector sin necesidad de aclaración alguna.

Según Bezos, al dedicar la primera media hora de la reunión a leer el «six-pager» se aseguran de que todos los asistentes tengan un mínimo de comprensión de calidad del tema que se va a tratar.

Así evitan que en la reunión se posicionen sobre asuntos que han leído en diagonal o que realmente no han comprendido por estar en lenguaje de «bullet-points».

AGILE

En el año 2001 un grupo de desarrolladores de *software* se reúne en un *resort* en las montañas de Utah y acaba elaborando el «Agile Manifesto». Un documento de dos páginas en el que se describen cinco valores y doce principios.

Ese documento se convierte en una auténtica revolución en la manera de trabajar de los equipos de desarrollo de *software* de todo el mundo. Y la filosofía «agile» acaba expandiéndose mucho más allá del mundo informático para adoptarse en las corporaciones de muchos sectores industriales y empresariales.

A pesar de que el «Agile Manifesto» fue elaborado por profesionales de las tecnologías de la información, en su sexto principio establece ni más ni menos que:

«La manera más eficiente y efectiva de trasladar información a un equipo de desarrollo, o de manejarla dentro del propio equipo, es a través de la comunicación cara a cara».

PISAR EL ACELERADOR

¿Qué tienen en común los ejemplos de Google, Amazon y la filosofía «agile»?

Que los tres ponen en valor lo más importante para impulsar rápidamente a un equipo hacia el alto rendimiento: la conversación de calidad.

Si la relación es el motor del equipo, la conversación es el pedal del acelerador.

Los grupos capaces de comunicarse con eficacia desarrollan rápidamente la coordinación necesaria para convertirse en equipos de alto desempeño.

Por eso la intervención más sencilla y efectiva para liberar su potencial es simplemente propiciar una mayor comunicación y de más calidad.

A partir de ahí todo lo demás irá surgiendo de manera espontánea y natural.

LEY UNIVERSAL

Varios átomos se comunican entre sí intercambiando electrones y acaban formando una molécula.

Varias células se comunican entre ellas intercambiando nutrientes e impulsos eléctricos y acaban formando un tejido.

Varias casas cercanas se comunican entre ellas intercambiando víveres, noticias, ayuda, etc., y se acaban convirtiendo en un poblado...

Todo aquello que se comunica tiende a unirse. Es una ley universal.

Por eso, si lo que quiero es aumentar mi cohesión con otras personas, lo mejor que puedo hacer es fomentar una mayor comunicación y de más calidad.

¿Quiero mejorar mi relación de pareja?

Ni pensar en aquello de tomarnos un tiempo separados para reflexionar. Porque igual que lo que se comunica tiende a unirse, lo que deja de comunicarse tiende a separarse.

La receta es más comunicación y de más calidad.

¿Quiero fortalecer el vínculo con mis hijos?

Más comunicación y de más calidad.

¿Quiero reforzar la conexión con mis clientes?

Más comunicación y de más calidad.

¿Quiero aumentar la cohesión en el grupo y convertirlo en un verdadero equipo?

La cosa está clara: más comunicación y de más calidad.

Cualquier pretensión de conseguirlo de otra manera es enfrentarse a esta ley universal y tendrá el mismo resultado que pretender obviar la ley de la gravedad.

REUNIONITIS

—¡¡Pero si en esta empresa tenemos «reunionitis»!! ¡¡Si nuestro problema es que ya tenemos demasiadas reuniones!! ¡¡¿Me está diciendo usted que aún tenemos que hacer más reuniones?!!

Efectivamente, en su empresa tienen «reunionitis». Pero tener «reunionitis» no es tener demasiadas reuniones.

Porque si en nuestra empresa hubiera muchísimas reuniones, pero al salir de ellas sintiéramos que han sido súper productivas, que hemos sacado aprendizajes muy relevantes, que hemos tomado decisiones estratégicas, que hemos definido planes muy potentes, y que además todos hemos podido aportar mucho valor, entonces no diríamos que hay muchas reuniones sino que pediríamos a gritos tener más reuniones.

Tener «reunionitis» no es tener demasiadas reuniones. Tener «reunionitis» significa que nuestras reuniones son ineficaces, y por eso en lugar de sumar, restan.

REUNIONES O PROBLEMAS

Un equipo mediocre suele tener más problemas que reuniones, mientras que un equipo de alto rendimiento tiene más reuniones que problemas.

Porque con las reuniones se anticipa a los problemas y los tiene bajo control. El equipo lidera su entorno.

Los equipos mediocres, en lugar de anticiparse a los problemas con sus reuniones, montan las reuniones cuando surgen los problemas.

Es decir, no tienen el control de los problemas, sino que son los problemas los que los controlan a ellos. El entorno lidera al equipo.

En sus reuniones hay mucha más presión, porque los fuegos que están tratando de apagar son abrasadores.

Y es precisamente ese calor asfixiante, esa presión, lo que hace que resulte más difícil colaborar y que sus miembros empiecen a discutir y a pelearse entre ellos para poner su trasero a salvo.

Cuanto más discuten, menos colaboran, peor resultado tienen y más problemas se generan.

Muchos de esos problemas los están creando ellos mismos.

Entonces resulta que necesitan montar más reuniones para resolver los nuevos problemas, que no paran de crecer como setas.

La conclusión final no deja de ser irónica: los equipos de bajo rendimiento, pretendiendo reunirse lo menos posible, acaban teniendo más reuniones que los equipos de alto rendimiento.

Y por supuesto, muchos más problemas.

DOS CONDICIONES

La primera condición para que el potencial de un equipo pueda aflorar es que existan suficientes espacios de diálogo.

El equipo habla.

Y si no habla, no podrá ser un equipo de alto rendimiento.

La segunda condición es que se produzca un diálogo de calidad.

La misión del líder del equipo es facilitar que se den estas dos condiciones.

HACER HACER

El único miembro de la orquesta que no hace música es el director.

Si se pone a tocar un instrumento mientras dirige, no podrá dirigir bien. La orquesta entera perderá la coordinación.

Si el chef del restaurante se dedica a emplatar, pierde la visión de lo que está ocurriendo en la cocina. Los platos empezarán a salir mal montados, fríos y tarde.

Si el oficial a cargo de la guardia se baja del puente a pintar la cubierta o a remendar una estacha, su barco acabará colisionando con otro.

La responsabilidad del líder del equipo no es hacer. Su responsabilidad es hacer hacer.

Pero lo que es evidente para el director de la orquesta, o para el chef de cocina, o para el oficial al mando, quizás no sea tan fácil de entender en un equipo de gestión.

Los roles del director de orquesta, del jefe de cocina y del oficial mercante están claramente diferenciados del resto de miembros del equipo; no tienen nada que ver.

Pero en un equipo de gestión de negocio, donde el trabajo que se lleva a cabo es el de reunirse y conversar, en el fondo todos hacen lo mismo: hablar.

Entonces ¿cuál es exactamente la diferencia entre el rol del líder y el de los demás miembros del equipo?

EL QUÉ Y EL CÓMO

Los seres humanos nos comunicamos en dos niveles simultáneamente.

Por un lado está lo que decimos, lo que podríamos llamar la «letra de la canción».

Por otro lado está cómo lo decimos, lo que vendría a ser la «música de la canción».

Cuando conversamos con otra persona nuestra atención está puesta en lo que decimos, en el «qué». Y el «cómo» lo solemos manejar de manera inconsciente, automática.

De hecho lo habitual es que cuando una conversación con otra persona empieza a ser un poco complicada, nuestra atención se enfoque más y más en el «qué».

Porque buscamos nuevos argumentos para convencer.

Entonces ocurre que cada vez prestamos menos atención al cómo y nos dejamos llevar.

Como la situación es un poco frustrante, sin darnos cuenta nos ponemos más intensos con la otra persona.

Y claro, cuanto más intensos, más se cierra.

El problema que tenemos no es de falta de argumentos; el problema que tenemos es de falta de conexión.

Porque no estamos hablando con la otra persona de manera adecuada. Y al sentirse atacada, reacciona inconscientemente a la defensiva.

La conversación se convierte en una discusión.

Este tipo de dinámica competitiva es la que caracteriza a un equipo de bajo rendimiento.

En tal caso es necesario que el líder intervenga para convertirla en una dinámica de colaboración.

INTERVENIR
SIN INTERFERIR

El papel del líder en las conversaciones de equipo es en primer lugar dar juego, pasarle la pelota al equipo.

Es decir, lanzar el reto, el problema, el asunto a tratar, el «qué».

Los miembros del equipo se irán pasando la pelota, jugarán con el qué en el terreno de juego.

Y mientras tanto el líder permanecerá «en el banquillo» para tomar perspectiva y poder ocuparse del «cómo».

Su rol es trascendental porque solo cuando el «cómo» es el adecuado se puede generar un «qué» valioso. Es el «cómo» el que produce el «qué».

Si el líder se dedica a aportar su punto de vista continuamente, es decir, si se involucra en el «qué», está interfiriendo en el proceso del equipo.

Porque una vez el líder habla, nadie tiende a llevarle la contraria y las conversaciones se dan por finalizadas.

La empresa ha puesto a su disposición un potente equipo, pero no sabe liderarlo hacia el alto rendimiento.

Es como si le hubiesen entregado un Ferrari y lo llevara todo el rato en primera.

El líder eficaz toma perspectiva y se aleja del contenido para ocuparse del proceso.

Lo hace asegurando que todos puedan participar con calidad, que todos sean escuchados, que todos sean entendidos, que la intervención de todos sea valorada...

De esta manera es capaz de intervenir sin interferir.

DOMINAR EL TERRENO

El terreno de juego de un equipo de fútbol viene determinado por el ancho y por el largo del campo. Dominar el campo en toda su extensión aporta la ventaja competitiva necesaria para derrotar al rival.

De la misma manera, el terreno de diálogo de un equipo de gestión viene determinado por dos dimensiones.

La primera dimensión la define el eje pasado-futuro.

Los equipos mediocres actúan impulsados por los problemas, y por eso su conversación siempre está enfocada a resolver los incendios del momento presente o de un futuro muy inmediato.

Pero casi nunca hablan del pasado. Les parece una pérdida de tiempo porque «el pasado, pasado está» y suficiente tienen «con la que se les viene encima».

Por el contrario, un equipo de alto rendimiento se dedica a hablar del pasado para obtener aprendizajes e impedir así que los problemas vuelvan a repetirse.

Además, también planifica a largo plazo para anticiparse al máximo.

Por eso su conversación abarca mucho más a cada lado del eje pasado-futuro.

La segunda dimensión la define el eje-negocio-equipo.

Un equipo mediocre solo habla de negocio y casi nunca habla del propio equipo y de su funcionamiento.

Sus miembros también opinan que es una pérdida de tiempo porque «se supone que aquí tenemos todos mucho nivel» y además «ya venimos motivados de casa».

Por el contrario, un equipo de alto rendimiento no solo habla del negocio, sino que también se detiene a «afilar el hacha», dedicando tiempo de conversación a analizar el funcionamiento del equipo y sus necesidades.

La idea es seguir mejorando continuamente.

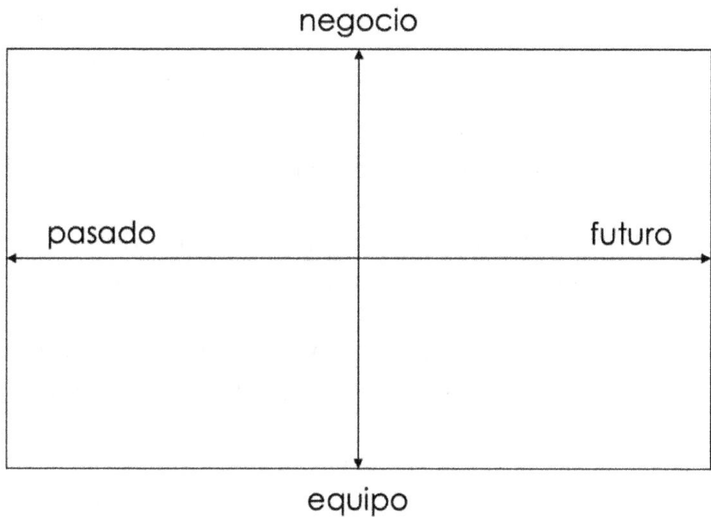
negocio
pasado
futuro
equipo

El resultado final de todo esto es que el terreno de conversación de un equipo mediocre suele ser muy reducido.

Y es precisamente su falta de dominio de ese terreno de juego el que le deja a merced de los problemas.

Un equipo de gestión de alto rendimiento domina los cuatro cuadrantes y por ello domina la situación.

Su líder mantiene en todo momento la perspectiva para determinar si algún espacio está quedando desatendido.

En cuyo caso da juego lanzando allí un balón, es decir, un asunto, para que el equipo se haga con esa zona.

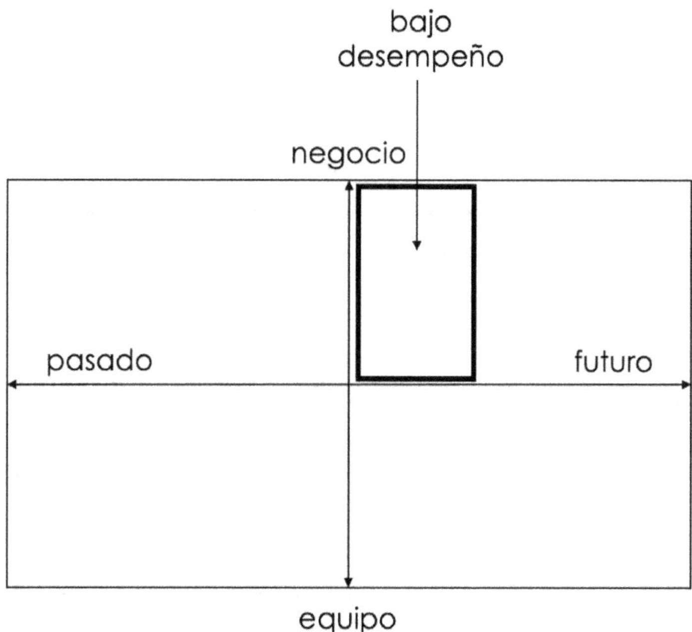

bajo
desempeño
negocio
pasado
futuro
equipo

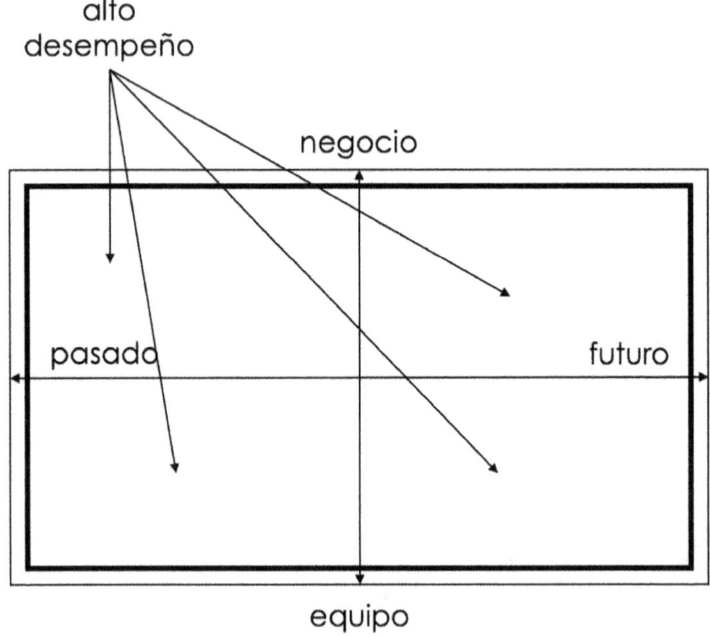

alto
desempeño
negocio
pasado
futuro
equipo

INVITAR A PARTICIPAR

En un examen de primaria se pide a los alumnos: «Escribe en cifras los siguientes números: diez, noventa y ocho, ochenta y uno, sesenta y seis y treinta».

Uno de los niños responde: 11, 99, 82, 67 y 31.

A menudo sucede en el equipo que determinados balones o asuntos solo son atendidos por algunas personas. Porque son las expertas en el tema y tienden a monopolizar la conversación. Los demás no se atreven a opinar al pensar que carecen de criterio.

Por eso el líder está muy pendiente de los turnos de palabra y va invitando amablemente a participar a los que no se estén pronunciando.

Así consigue incorporar la visión externa y fresca de los no-expertos. Algo imprescindible en un equipo de alto rendimiento.

Porque es la mejor manera de desafiar las «zonas ciegas» de la mirada experta, que tan cerca está de lo que mira que a menudo no puede ver lo que tiene delante de sus narices.

Invitando a todos a participar, también está rompiendo los silos que hay dentro del grupo.

El equipo es uno, y aunque cada uno tenga su *expertise* particular, funcionamos como equipo cuando todos reflexionamos conjuntamente sobre los problemas y aportamos todas las perspectivas disponibles a través del diálogo.

Todos opinamos porque todos somos uno.

Finalmente, los miembros no expertos aprenden a medida que se les permite participar.

De esta manera el conocimiento se nivela hacia arriba, siendo todos cada vez más ricos en conocimiento. En lugar de hacerlo hacia abajo, empobreciéndonos en nuestra triste parcela.

INTERRUMPIR LAS INTERRUPCIONES

Cuando un miembro del equipo le «roba» el turno de palabra a otro, es como si un futbolista le robara el balón a su propio compañero. Muy feo y muy perjudicial.

Permitir que proliferen las interrupciones en las conversaciones del equipo es tan peligroso como permitir que prolifere la carcoma en una casa de madera.

Lo indicado es que el líder interrumpa amablemente las interrupciones en cuanto aparezcan.

Como dice la sabiduría popular, «no es pecado robar al ladrón ni darle buena lección».

–Perdona, Luis; si te parece vamos a permitir que Sandra termine y después te paso el turno de palabra el rato que necesites.

El manejo de las interrupciones por parte del líder requiere la misma diligencia que el manejo de la plaga de carcoma.

Hace falta exterminarla en cuanto se detecta, o de lo contrario proliferará tan deprisa que nunca podrá terminar de erradicarse del todo y volverá a surgir cuando menos lo esperemos.

Si el líder está atento a las interrupciones y las corta sistemáticamente desde el principio, logrará enseguida que el equipo le siga y que se adopte un respeto escrupuloso del turno de palabra.

Si por el contrario el líder es más permisivo y tolera algunas de estas interrupciones, luego le será mucho más difícil romper la dinámica.

Puede incluso que no consiga erradicar del todo esta costumbre tan nociva para el equipo.

GESTIONAR EL RITMO

Las monumentales broncas de Toscanini eran temidas por todos sus músicos.

Pero muy especialmente por los contrabajistas. Ningún instrumento desquiciaba más a este director que los errores de los contrabajos.

Porque para Toscanini eran los encargados de marcar el ritmo.

Si fallaban los contrabajos, fallaba el ritmo y entonces la interpretación entera, tal como él la entendía, se iba al garete.

En la conversación del equipo, las interrupciones rompen el ritmo y aceleran la velocidad.

Como tenemos miedo de ser interrumpidos, hablamos más deprisa para poder explicarnos antes de que nos corten.

Cuando hablamos deprisa, curiosamente aumentamos la probabilidad de ser interrumpidos por otras personas. Sienten que les estamos avasallando y nos cortan porque necesitan un respiro. Y así entramos en un proceso de retroalimentación infernal.

Pero incluso sin interrupciones de por medio, hablar deprisa genera la sensación en el grupo de que no hay tiempo suficiente. Cuanto más corremos, menos tiempo parece que tenemos. Y empezamos a competir entre nosotros por ese tiempo.

Es decir, cuando la velocidad de la conversación es rápida, tienden a generarse dinámicas competitivas.

Mientras que si el ritmo es más pausado, tienden a generarse dinámicas colaborativas.

Porque al hablar despacio nadie siente la necesidad de pelear por el tiempo disponible y todo el mundo está más dispuesto a escuchar a los demás.

Básicamente, cuando queremos correr mucho, acabamos tropezando.

Por el contrario, como suele decirse en las fuerzas especiales, la lentitud da precisión y la precisión da velocidad.

Por eso el líder está muy pendiente de la velocidad a la que transcurre la conversación. Si percibe que el ritmo se acelera, puede intervenir de muchas maneras para reducirlo.

Pero probablemente la más efectiva sea el propio ejemplo.

Hablando tranquilamente y de modo reflexivo.

Empleando pausas intercaladas en su propio discurso para que resulte más fácil seguirle.

Tomándose el tiempo para reflexionar antes de responder a las preguntas u objeciones.

El equipo tiende instintivamente a imitar el comportamiento del líder y por eso a menudo la manera más natural para intervenir sobre el «cómo» no es decirles a los miembros cómo lo tienen que hacer, sino simplemente hacerlo él primero.

REFORMULAR

Si le pido a alguien que me traiga una manzana, mi instrucción está clara, ¿verdad?

Cuando hago esta pregunta, la inmensa mayoría me responde que sí.

Pero a continuación suelo preguntar: ¿amarilla, roja o verde? ¿Con manchitas o sin manchitas? ¿Con rabito o sin rabito? ¿Pelada o sin pelar? ¿Cortada o sin cortar? ¿En trozos grandes o pequeños? ¿En un plato? ¿En un bol? ¿Fría de la nevera o del tiempo? ¿Verde o madura? ¿Aquí o en otro sitio? ¿Ahora o más tarde?...

Uno de los errores más importantes que cometemos las personas cuando nos comunicamos es creer que entendemos lo que la otra persona nos está diciendo.

Aquella frase que dice que «hablando se entiende la gente» es peligrosamente engañosa porque está incompleta.

Más bien las personas, hablando mucho, nos entendemos un poco.

Entenderse de verdad significa conseguir que la imagen mental de la manzana que nuestro interlocutor está viendo en su cabeza sea exactamente la misma que nosotros estamos viendo en la nuestra.

Cuando ambas imágenes están sincronizadas, y solo entonces, podemos decir que nos hemos entendido. Pero esa sincronización de imágenes mentales es un proceso bidireccional que requiere de un tiempo para ir chequeando que todos los aspectos coinciden.

El líder interviene sin interferir reformulando regularmente las aportaciones de todos para asegurar que unos y otros entendemos de verdad lo que estamos diciendo.

Su reformulación siempre empieza con un:

—Si te he entendido bien, lo que nos estás diciendo es que...

Y después de repetirlo del modo más preciso posible, termina verificando si está en lo cierto con un:

—¿Es así?

Si no se ha entendido bien, la reformulación del líder es muy valiosa porque lleva a la aclaración y evita posibles malentendidos y conversaciones absurdas.

Si se ha entendido bien, también nos ayuda porque nos hace sentir que avanzamos con paso firme y seguro.

Además, la reformulación disminuye la velocidad de la conversación y con ella la competitividad, impulsando así la tendencia a cooperar.

Por último, la reformulación demuestra el interés del líder por entender lo que esa persona está diciendo y facilita que se sienta entendida.

Sentirnos entendidos es condición necesaria para que podamos sentirnos realizados en el equipo.

Aunque no suficiente, porque también necesitamos sentirnos validados.

VALIDAR

En una de las escenas de «El Reino de los Cielos», la película de Ridley Scott, el protagonista está a punto de recibir el ataque final de las tropas del rey Saladino.

Entonces hace algo inesperado. Decide nombrar caballeros a todos los hombres de Jerusalén que sigan en pie y estén en disposición de empuñar un arma.

El obispo, que hubiese preferido huir a hurtadillas abandonando la ciudad a su suerte, le increpa:

—¿Acaso pensáis que así lucharán mejor?

A lo que él sencillamente responde:

—Sí.

La realización personal en el equipo solo se culmina cuando alguien reconoce de manera explícita el valor que aportamos.

Porque realizarse consiste precisamente en entregar el fruto de nuestro talento al equipo para que el equipo pueda beneficiarse de él.

Por eso el líder se ocupa de validar frecuentemente las intervenciones de todos.

Al hacerlo certifica el valor de esas aportaciones y así facilita que todos nos sintamos realizados.

Es importante entender que para poder validar no tiene por qué estar de acuerdo:

- «Entiendo tu punto de vista».

- «Comprendo que lo veas así».

- «Realmente tiene lógica lo que dices».

- «Ahora entiendo tu perspectiva».

- «Tiene sentido lo que dices».

- «...».

La característica común de todas estas frases es que, sin darle la razón a la otra persona, se da valor a su aportación y se empatiza con ella.

De este modo es posible validar honestamente todas las intervenciones sin necesidad de interferir.

ELIMINAR EL «PERO»

Para validar correctamente es fundamental que a continuación el líder no continúe con un «pero...».

Porque el efecto de esta conjunción es restar valor o incluso invalidar completamente lo que se ha verbalizado justo antes.

Si continuamos la validación con un «pero...», lo que estamos haciendo es validar primero para invalidar después, lo cual no tiene ningún sentido.

Para evitar este efecto es posible sustituir la conjunción adversativa «pero» por la copulativa «y».

«Adversativa» viene de adversario, mientras «copulativa» viene de cópula, que significa unión.

Y eso es precisamente lo que sucede cuando empleamos ambas conjunciones.

La conjunción «pero» tiende a convertir a los que hablan en adversarios, mientras que la conjunción «y» tiende a unirlos.

Esto ocurre porque cuando alguien responde empezando con un «pero», su interlocutor ya sabe de antemano que lo que le responderá va a ir en su contra.

Por eso, al oír ese «pero» se pone a la defensiva y deja de escuchar para empezar a pensar rápidamente en más argumentos y devolvérselos en cuanto termine.

Es gracioso porque cada vez que en una conversación empleamos el «pero» lo único que conseguimos es que la otra persona deje de escucharnos. Y al dedicarse a pensar en más argumentos para convencernos, cada vez se convence más a sí misma de su propia postura.

Si sustituimos «pero» por «y» entonces el resultado será muy diferente.

Porque cuando empezamos nuestra respuesta con esta conjunción, la otra persona no puede saber de antemano si lo que vamos a decir va a favor o en contra de lo que ella ha dicho.

Entonces no le queda otro remedio que escuchar.

Solo cuando escuchamos es posible el verdadero diálogo, y solo cuando el grupo dialoga es un verdadero equipo.

Dicho de otra manera, el «pero» lleva a la discusión, y por lo tanto a la competición. Mientras que el «y» conduce al diálogo y a la colaboración.

Por eso el líder eliminará el «pero» de su vocabulario en las reuniones de equipo y lo sustituirá por «y».

También ayudará individualmente a cada uno de sus colaboradores para que todos ellos puedan hacer esta misma transición progresivamente.

Parece una transición minúscula pero a la larga acabará transformando su manera de pensar y de relacionarse en el grupo.

APORTAR SEGURIDAD PSICOLÓGICA

«Tom me dio uno de mis primeros papeles cuando dirigió 'The wonders'.

Recuerdo mi audición, después de la primera lectura. Creí que lo había arruinado todo; se me había olvidado hasta respirar y Tom solo me miró y dijo: 'Lo siento, ¿puedes darme cinco minutos? Tengo que salir; cuando regrese repetiremos esta escena de nuevo'.

Tom no necesitaba cinco minutos; yo necesitaba cinco minutos».

Así elogiaba Charlize Theron a Tom Hanks al entregarle el premio Cecil B. DeMille en la ceremonia de los Globos de Oro.

Para muchos gerentes, participar en las reuniones de equipo es un verdadero calvario.

Son reuniones donde literalmente luchan para no ser crucificados y en las que tienen que pelear constantemente para defenderse de los ataques y las puñaladas de sus compañeros e incluso del propio líder.

Un sinvivir horroroso que nada tiene que ver con el alto rendimiento y que acaba irremediablemente en un goteo constante de renuncias y bajas por depresión.

Interrumpir las interrupciones, gestionar la velocidad, reformular, validar las aportaciones de los miembros, son todas ellas intervenciones que permiten generar lo que técnicamente se denomina seguridad psicológica.

El líder convierte las reuniones del equipo en un espacio donde nos sentimos arropados y protegidos.

Donde nos sentimos invulnerables.

El equipo es un lugar psicológicamente seguro que nos empodera y nos permite ser nosotros mismos libremente.

Porque ese es el único camino hacia la realización del potencial y el alto rendimiento.

GESTIONAR LA PROPIA ENERGÍA

Más allá de las técnicas que emplee el líder, la verdadera seguridad psicológica solo se genera cuando él mismo se encuentra en ese estado.

Si el líder está inseguro, los demás miembros de la manada olerán instintivamente ese miedo y resonarán con él.

El liderazgo de equipos tiene una dimensión energética invisible desde la cual las emociones se van contagiando de unos a otros de manera inconsciente.

Liderar el equipo es hacer prevalecer un estado emocional de seguridad frente a los miedos que de manera natural generan las dificultades y los desafíos de negocio.

Por eso es tan importante que el líder jamás se deje arrastrar por una discusión, o que en la medida de sus posibilidades no emplee la jerarquía para solucionar los asuntos del equipo.

Porque cuando discutimos o nos ponemos jerárquicos, sencillamente estamos respondiendo desde el miedo.

Concretamente el miedo de perder el control del equipo o del negocio.

Pero no nos damos cuenta de que al actuar desde ahí y transmitir energéticamente esas inseguridades a los demás, somos nosotros mismos los que estamos haciendo que nuestro miedo se convierta en realidad.

Es cierto que en el grupo las dinámicas desafortunadas a menudo son incontrolables.

Pero en realidad solo existe una persona que puede quitarle su seguridad y por lo tanto su autoridad al líder del equipo.

Él mismo.

Cuando el líder gestiona con aplomo, su seguridad se va contagiando al resto. Lentamente pero de manera inexorable.

DE LAS CULPAS A LOS APRENDIZAJES

En el lado izquierdo del terreno de juego, cuando hablamos del pasado, si no hay seguridad psicológica acabaremos discutiendo acerca de quién tiene la culpa de lo que pasó.

Discutiremos siempre por la sencilla razón de que nadie quiere tener la culpa.

—Entiendo perfectamente vuestra inquietud y os pido por favor que no busquemos culpables. No hay culpables porque como equipo todos somos responsables.

»Busquemos los aprendizajes útiles de esta experiencia.

»¿Qué podemos aprender como equipo?

El líder interviene deteniendo amable pero firmemente las acusaciones entre los miembros del equipo y redirigiendo la conversación hacia los aprendizajes.

DE LAS RAZONES
A LOS PLANES

Cuando el juego transcurre en el lado derecho del terreno, es decir, cuando hablamos del futuro, si no hay seguridad psicológica, la conversación acabará girando alrededor de demostrar quién tiene la razón.

La culpa no la quiere tener nadie y la razón la quiere tener todo el mundo.

Por eso también aquí nos embarcaremos en una discusión que no tiene fin y que perjudicará gravemente la relación entre compañeros.

En el marco de pensamiento de una discusión, solo uno puede tener la razón. Bajo ese esquema mental, los demás están equivocados y por eso son «inferiores».

Cuando discuto para demostrar que tengo la razón, en el fondo estoy discutiendo para evitar sentirme inferior.

Entonces el miedo se va apoderando de todos los demás, que tampoco quieren ser menos.

En esta situación lo que hace el líder es devolver la seguridad psicológica al grupo dando la razón a todas las personas que están discutiendo. Porque todas tienen siempre algo de razón, por pequeña que sea.

Seguidamente devuelve la conversación a un lugar productivo, pidiendo al equipo que defina planes de acción que integren todos los puntos de vista.

–Pues creo que menganito tiene mucha razón cuando dice bla, bla, bla. Y también pienso que fulanito tiene mucha razón cuando comenta que, bla, bla, bla.

¿Qué planes podemos definir teniendo en cuenta ambas perspectivas?

DE LAS QUEJAS A LAS PROPUESTAS

Los gestores telefónicos de atención al cliente saben muy bien cómo manejar las quejas.

En cuanto reciben una de estas llamadas, rápidamente reconocen el error abiertamente y piden disculpas de manera reiterada por las molestias generadas.

Saben que así el noventa por ciento de las reclamaciones termina ahí, sin más consecuencias.

Solo cuando el cliente pide específicamente algún tipo de indemnización, entonces acceden a conceder lo que esté en su mano.

Pero nunca antes.

De lo contrario estarían regalando una costosa compensación que en realidad nadie estaba esperando.

En la zona baja del terreno de juego, cuando hablamos del propio equipo, si no hay seguridad psicológica es habitual que la conversación se convierta en un continuo de quejas y lloriqueos.

Las quejas son muy poco productivas. Porque lo máximo que alguien puede conseguir quejándose es una disculpa.

Pero en el contexto de una reunión de equipo, incluso algo tan pequeño es altamente improbable. Porque implica necesariamente que otra persona reconozca su fallo delante de todos los demás. Esto no suele ocurrir casi nunca.

Es comprensible que en algún momento difícil algún miembro del equipo se permita soltar un poco de presión verbalizando sus quejas delante del grupo.

Y es bueno que el líder reconozca ese beneficio positivo que hay detrás de la queja.

De hecho, si no la valida, lo más probable es que se repita insistentemente y que incluso se extienda por el grupo.

Pero una vez validada, el líder puede devolver la conversación a un lugar mucho más productivo, facilitando el paso de la queja a la propuesta.

La propuesta, a diferencia de la queja, tiene mucho más potencial.

Porque la queja drena nuestra energía dejándonos estancados en el problema, mientras que la propuesta nos genera energía al orientarnos hacia la posible solución.

Nos saca del rol de víctimas, un papel en el que no tenemos control sobre lo que nos sucede. Y nos coloca en un marco de toma de responsabilidad en el que nos hacemos dueños de nuestra propia suerte.

—Realmente comprendo como os sentís y la verdad es que esta situación no es nada agradable...

»¿Qué propuestas se nos ocurren que estén en nuestra mano para poder mejorarla?

DE LAS CRÍTICAS A LAS PREGUNTAS

Las críticas entre nosotros delante de todos rompen el *flow* del equipo.

Incluso en un grupo con la madurez suficiente, tienden a poner a la persona criticada a la defensiva. Y, de manera simétrica, a la persona que critica al ataque.

Entonces la discusión es inevitable.

Es posible ayudar a ambos y retornarlos a la seguridad psicológica transformando la crítica en una pregunta acerca de «cómo podríamos».

Por ejemplo, si Pedro critica la propuesta de Luis por ser demasiado costosa, el líder puede reformular esa crítica de la siguiente manera:

—Luis, tu propuesta me parece interesante y me gustaría que siguiéramos reflexionando sobre ella.

»La intervención de Pedro me sugiere una pregunta: ¿cómo podríamos llevarla a cabo a un coste menor?

DE PEDIR A DAR

Se abren las puertas de los grandes almacenes y una avalancha de compradores ansiosos inunda la sala de ventas. Empiezan las rebajas.

Varias señoras se agolpan en un mostrador para hacerse con unas prendas. Una de ellas es tan rápida que consigue cinco piezas.

Aún está saliendo por la puerta cuando empieza a pensar qué va a hacer ahora con tantas prendas iguales... Quizás se haya dejado llevar por la energía y el calor del momento...

Esa misma energía codiciosa aparece en los equipos cuando las personas se dedican a pedir, pedir y pedir, pero ni se les pasa por la cabeza aportar nada.

El problema con la actitud avara en el seno de un equipo es que se contagia fácilmente y tiende a expandirse a gran velocidad.

Llega un momento en el que dar sin recibir se percibe sencillamente como «hacer el primo». Y, por supuesto, nadie quiere parecer el más tonto de la reunión. En ese momento el potencial del equipo queda completamente anulado.

Cuando el líder detecta que se está iniciando esta dinámica puede intervenir dando juego con una ronda de «dar y recibir».

Para ello reformula de nuevo el problema y va preguntando uno por uno a todos los asistentes qué es lo que pueden aportar para ayudar a resolverlo.

También preguntará qué necesitan para lograrlo.

Pero el foco del ejercicio está realmente en lo que pueden aportar, porque es ahí donde reside el verdadero potencial del equipo para mejorar la situación.

—¿Qué más podrías aportar? ¿Seguro que esto es todo o hay algo más que nos podría ser útil? Tómate el tiempo que necesites para pensarlo...

La actitud avara puede darse también a título individual con alguna persona que se aprovecha de la generosidad de los compañeros y de la abundancia característica de un entorno de alto rendimiento.

Si se tolera su comportamiento, aunque el resto del equipo siga firme, la energía egoísta tarde o temprano se acabará contagiando.

Como el moho de una manzana podrida.

Por eso el líder intervendrá sobre esa persona cuanto antes, de manera constructiva y fuera del contexto del equipo, dejando muy claro lo que espera de ella en las siguientes reuniones.

DE LO AUDITIVO
A LO VISUAL

Explicaba Claudio Pizarro, el delantero peruano, que con Pep Guardiola era imposible hablar de algo que no fuera fútbol.

Si entraba en la oficina para decirle por ejemplo que al día siguiente tenía una cita con el dentista, él le decía: «...sí, no hay problema, ya lo manejaremos, pero Claudio, ven un ratito, mira, ¿qué pasa si hacemos esto...?».

Sacaba la pizarra y ya de nuevo estaban hablando de fútbol.

Cada vez que entraba era lo mismo; en cuanto agarraba su pizarrita, otra vez le dejaba atrapado en una conversación futbolística.

Una de las dificultades del lenguaje hablado es que las palabras son mucho más difíciles de captar de lo que parece, especialmente cuando hay muchas y hay que procesarlas rápido.

Por expresarlo gráficamente, las palabras son líquidas como el agua y se escapan entre las manos.

Sin embargo, cuando ponemos el agua en un vaso podemos aprovechar hasta la última gota.

Lo mismo ocurre cuando ponemos las palabras sobre una pizarra.

Entonces quedan contenidas allí encima y están disponibles para que las podamos aprovechar fácilmente cuando queramos.

El líder del equipo está siempre dispuesto a levantarse, tomar el rotulador y facilitar el *flow* de la reflexión aterrizando en la pizarra la información que se está manejando.

Las listas, los esquemas y los dibujos con los que plasma esa información en la pizarra, atrapan las mentes y las enfocan, permitiéndoles asimilar mucho más en menos tiempo.

Por eso esta técnica es especialmente indicada cuando el tema que se está tratando es ambiguo o complejo o implica el manejo de muchos datos.

De esta manera se evitan esas conversaciones circulares sin ninguna dirección que surgen como consecuencia de no estar asimilando correctamente toda la información que se está manejando.

Es especialmente crítico que el líder no interfiera y vuelque la información de manera imparcial sin filtrarla, traducirla ni añadir nada de su propia cosecha.

De lo contrario podría interpretarse como una forma de manipular para tomar el control de la conversación.

DE LO INESPECÍFICO
A LO CONCRETO

La conversación parece atascada en el *Lead Team* de Recursos Humanos de una importante multinacional.

Algunos de ellos dicen que el equipo de vendedores no está suficientemente motivado, mientras que el resto sostiene lo contrario.

La discusión se va alargando y a medida que pasa el tiempo, el tono va subiendo.

Intervengo para evitar males mayores. Me limito a ir soltando poco a poco un total de tres preguntas:

- «Específicamente, ¿qué queréis decir cuando decís 'desmotivados'?».

- «Específicamente, ¿quién no está motivado?».

- «Específicamente, ¿cuándo habéis visto que estaban desmotivados?».

Antes de estas preguntas, todos discutíamos acerca de algo muy inespecífico: la desmotivación del equipo de ventas.

Después de las preguntas, todos estamos de acuerdo en algo mucho más concreto: que hay tres vendedores, con nombres y apellidos, que actualmente no están de acuerdo con la subida salarial que se les ha hecho.

La conversación sobre asuntos inespecíficos tiende a la discusión y, con ella, al bloqueo. Mientras que la conversación sobre lo concreto tiende al acuerdo y orienta a la acción.

Esto es así porque las palabras inespecíficas son por definición aquellas que pueden ser interpretadas de maneras muy distintas.

Por ejemplo, la palabra «motivación» es una palabra altamente inespecífica. Estar motivado en el trabajo puede significar que cada día voy a trabajar con alegría y ganas, o también puede significar que hago propuestas de negocio de manera proactiva, o puede significar que no me marcho a otra empresa porque pienso que mi salario es suficientemente bueno...

Puede significar todo esto y mucho más.

Cuando en una conversación empleamos palabras inespecíficas, cada uno las interpreta a su manera.

Y entonces discrepamos.

Yo pienso que el equipo de ventas no está motivado y tú sí porque la motivación significa una cosa completamente diferente para cada uno de nosotros.

Los dos tenemos razón y además nuestros puntos de vista son compatibles.

Pero acabamos discutiendo simplemente porque damos por hecho que todos entendemos lo mismo de nuestras palabras.

El líder de un equipo de alto rendimiento está especialmente atento a la especificidad del lenguaje y cuando detecta palabras inespecíficas solicita mayor concreción mediante las preguntas:

- «Específicamente, ¿qué...?».

- «Específicamente, ¿quién...?».

- «Específicamente, ¿cuándo...?».

- «Específicamente, ¿dónde...?».

- «Específicamente, ¿cómo...?».

DE LAS OPINIONES
A LOS DATOS

El Director de Ventas y el Director de Marketing llevan un buen rato discutiendo acerca de si el nuevo producto que la empresa acaba de lanzar al mercado está o no está bien visible en las estanterías de las tiendas.

Parece ser que el Director de Marketing ha mostrado las fotos de unas tiendas donde el producto ni siquiera estaba presente y, como suele ser habitual, la discusión ha estallado.

Uno dice que el producto está muy bien representado en las tiendas y el otro dice que no.

De ahí no salen. Finalmente, el Director General interviene de manera muy acertada.

—¿Concretamente, en cuántas tiendas habéis visto que faltaba el producto?

—En tres.

–Estupendo, muchas gracias. Entonces, resumiendo lo que hemos dicho hasta ahora, la información de la que disponemos es por un lado, las fotos de tres tiendas donde no estaba el producto. Por otro lado, tenemos los datos cuantitativos de la estadística mensual que dicen que de un total de tres mil quinientas tiendas, el 67% sí disponía del producto en las estanterías. ¿Es así?

El líder hace intervenir a todos porque la intervención de todos tiene un valor. Pero si bien todas las aportaciones tienen valor, no todas tienen el mismo valor. Dicho de otra manera, todas son necesarias, pero también es necesario otorgar a cada una de ellas el peso que realmente tiene.

El líder valorará honestamente todas ellas de manera positiva. Pero también se asegurará de dejar bien claro cuáles están basadas en datos, cifras sólidas, estudios de mercado, observaciones cuantitativas, etc. y cuáles son solo opiniones basadas en intuiciones, sensaciones o escasos datos.

Tan incorrecto es no tener en cuenta todas las aportaciones como tenerlas todas en cuenta por igual, independientemente de su fundamento.

DE HACER A DEJAR DE HACER

«Con este mar que hace os vais a ir a pique».

No se sabe si aquel pescador iba en serio o en broma cuando en la regata del 75 les regaló a los de la trainera «San Pedro» un achicador para sacar el agua de abordo.

La cuestión es que mientras las demás embarcaciones remaban cargando con toneladas de agua, la «San Pedro» navegaba mucho más ligera y acabó llevándose la Bandera de la Concha.

Cuando el líder lanza un problema al equipo y el equipo se pone a trabajar en él, lo más probable es que el resultado final sea un plan de acción.

Por eso a medida que surgen los problemas y las necesidades, los planes de acción también se van multiplicando.

Y entonces llega un momento en el que son tantas las acciones a las que nos hemos comprometido que es imposible llevarlas a cabo.

La trainera está tan cargada de agua que por mucho que rememos no avanza. Hace falta achicar.

A menudo la ventaja competitiva no está tanto en lo que vamos a hacer sino en lo que decidimos dejar de hacer. En descargarnos y liberar los recursos para enfocarlos de manera más efectiva.

Para poder decir que sí a lo importante es necesario decir que no a lo que no lo es tanto. Lo superfluo no deja espacio para lo necesario.

Por eso el líder pregunta continuamente qué se puede simplificar, qué decidimos eliminar, cómo es posible liberar más recursos, qué proyecto estamos dispuestos a sacrificar para ejecutar este otro...

El equipo no siempre conseguirá una respuesta, porque a menudo esta es la más complicada de las peticiones.

Pero cada vez que lo logre estará dando un salto cualitativo deshaciéndose del lastre que le impide tomar velocidad.

DE LA INDISCIPLINA
AL RESPETO

Los «All Blacks» acaban de derrotar al equipo de Gales por 42-9.

Mientras los aficionados siguen festejando la victoria, los jugadores bajan al vestuario con escobas, fregonas y trapos y lo dejan como una patena.

En los equipos de alto rendimiento el respeto es un valor sagrado. Las faltas de respeto sencillamente no se toleran. Saben que son un veneno para el equipo.

La mejor manera de fomentar el respeto es a través del orden, la estructura y la disciplina, que son también los garantes de la agilidad.

Por ejemplo, cuando un miembro del equipo llega tarde a la reunión, no solo está mostrando una falta de respeto hacia los demás miembros del equipo, sino que también está perjudicando la dinámica de trabajo.

El líder corregirá amablemente a esta persona en privado para que no vuelva a suceder.

- Aparecer en las reuniones puntualmente.

- Terminar las reuniones puntualmente.

- Respetar la agenda de la reunión.

- Respetar el turno de palabra.

- Tener los ordenadores siempre apagados para poder prestar atención a quien habla.

- Encender las cámaras en las sesiones de videoconferencia para que quien esté hablando vea que le estamos prestando atención.

- Cumplir los compromisos adquiridos...

...son normas sencillas de funcionamiento cuya importancia comprenden muy bien quienes han tenido la suerte de participar en un equipo de alto rendimiento.

Los fallos son permitidos. Somos humanos, nos podemos equivocar y a veces las circunstancias nos van a superar.

Pero una cosa es un fallo puntual y otra muy distinta es la indisciplina.

Quien no esté dispuesto o no sea capaz de respetar las reglas de funcionamiento del equipo ya puede ir preparando las maletas, porque este no es su lugar.

CADA UNO
EN SU LUGAR

Cuando el equipo no es capaz de ponerse de acuerdo a tiempo, el líder toma la decisión final.

Si esto ocurre muy a menudo, es conveniente analizar el funcionamiento del grupo y hacer ajustes. O bien somos capaces de decidir más rápido, o bien nos daremos más tiempo para decidir.

En cualquier caso, el líder siempre tiene la última palabra y es quien certifica con su conformidad todas las decisiones que se van tomando.

Puede incluso vetar una decisión que haya sido consensuada por el resto de miembros y con la que no esté de acuerdo.

Pero es su responsabilidad seguir desarrollando al equipo para que esto no vuelva a ser necesario.

De lo contrario entrará en el círculo vicioso de la interferencia y acabará destruyendo la motivación y el desempeño del equipo.

Cada vez que piense en contravenir una decisión consensuada por ellos es conveniente que sopese diligentemente hasta qué punto es absolutamente imprescindible hacerlo.

Habitualmente es mejor una decisión mediocre pero bien ejecutada que una decisión brillante pero mal ejecutada por falta de apoyos.

Si la decisión del líder es muy buena técnicamente pero no consigue la adhesión real de su equipo, consciente o inconscientemente la acabarán boicoteando.

En cambio, si la decisión del equipo no es muy buena pero todos están decididos a llevarla a cabo, se ocuparán diligentemente de tomar las medidas que sean necesarias para superar cualquier obstáculo hasta alcanzar el resultado comprometido.

Porque al ser suya la decisión, se sienten totalmente involucrados y asumen plenamente la responsabilidad.

LA OPINIÓN DEL LÍDER

El líder también puede opinar.

Pero lo hace de manera que su opinión no interfiera en el proceso del equipo.

Espera siempre a que todos los miembros hayan intercambiado sus ideas y hayan dialogado hasta llegar a un punto muerto. Nunca antes.

Entonces enmarca su opinión como otra más, que para nada tiene por qué ser la decisión final, y solicita que los miembros del equipo la cuestionen.

Cuando lo hacen, valida su intervención agradeciendo honestamente sus palabras.

Y en lugar de replicar, pide inmediatamente al resto de personas que sigan expresando su parecer.

De esta manera consigue reactivar el *flow* grupal, habiendo podido incorporar su aportación sin interferir. Así es capaz de volver a enfocarse en el proceso sin quedar atrapado en el contenido.

DOMAR A UN LEÓN

Arranca la reunión semanal de un equipo de desarrollo de *software*. Hoy el líder les va a traer buenas noticias: la compañía ha decidido añadir a la retribución de los empleados una cobertura de salud y vida para ellos y sus hijos.

Durante su explicación, alguien lanza un comentario irónico diciendo algo así como que «esta es la estrategia que tiene la compañía para no tener que subirnos los sueldos el próximo año».

A pesar de que el líder trata de desmentirlo por todos los medios, otras voces críticas se van sumando y el escepticismo se apodera de la reunión sin que el líder pueda hacer nada para impedirlo.

Al final resulta que algo que debería ser una excelente noticia se convierte en un momento de desmotivación. Todo un despropósito, especialmente teniendo en cuenta el coste de esa mejora para la compañía.

Liderar un equipo es como domar a un león.

Uno no puede olvidar nunca que el león es mucho más fuerte y que además es impredecible.

Delante de un equipo el líder siempre es más débil, sin excepción; no importa lo capacitado que esté o lo inteligente que sea.

En cuanto dos o tres personas manifiestan de mala manera puntos de vista críticos con él o con sus planteamientos, le dejan en una situación muy delicada.

Además, es muy fácil que posicionamientos poco justificados, o incluso absurdos, se apoderen de la reunión. Porque en la dinámica de grupo hay efectos multiplicadores de contagio de la energía emocional muy difíciles de controlar una vez se disparan.

Un día un miembro del equipo aparece con el paso cambiado porque ha tenido una mala noche, lanza un comentario poco afortunado y, como si de una manada de leones se tratara, los otros se le suman enajenados por el olor a sangre. El líder nada puede hacer ya para detenerlos.

DIVIDE Y VENCERÁS

Por eso es tan importante que el líder siga aquel dicho tan antiguo que reza: «divide y vencerás».

Para hacerlo establece una rutina de reuniones individuales con cada uno de los miembros del equipo, de frecuencia igual o superior a la de las reuniones del propio equipo.

Estas sesiones individuales, además de ser necesarias para dedicar a cada uno la atención personal y el tiempo que se merece, son el lugar perfecto en el que el líder puede encarrilar la próxima reunión grupal.

Para ello anticipa lo que va a plantear en esa reunión. De esta manera evita las sorpresas y disminuye la posibilidad de intervenciones desafortunadas.

Indaga su parecer, sus dudas o inquietudes y así puede acudir más preparado para manejar constructivamente la energía del grupo.

También puede dar instrucciones acerca de la actitud que espera de cada uno de ellos y aportar *feedback* de sus actuaciones en las reuniones anteriores.

No se trata de intervenir sobre lo que van a decir, sino sobre cómo lo van a decir; de lo contrario estaría interfiriendo.

Si alguien piensa que la compañía está ofreciendo un seguro de vida para no tener que subir los sueldos, sería conveniente que antes de exponer su punto de vista reflexionara sobre los datos de que dispone para hacer esa afirmación tan contundente delante de todos.

También sería bueno que reflexionara acerca de cuál es su intención al hacerlo y qué cosa buena pretende conseguir para el equipo. Cuál va a ser el impacto de su intervención según cómo la lleve a cabo.

Una vez hecha esa reflexión, esta persona estará en disposición de expresar lo que siente de una manera mucho más constructiva y responsable.

La cuestión es que solo en el uno contra uno el líder ocupa la posición fuerte y solo desde esta posición fuerte puede encauzar las dinámicas energéticas del grupo.

Pero, incluso haciéndolo así, en ocasiones no es suficiente.

Por muy buen alineamiento previo que exista, es posible que en alguna ocasión la energía del grupo se desmadre de manera inesperada.

Si esto ocurre, es importante que el líder tenga muy claro cómo reaccionar para mantener su posición.

MANTENER LA POSICIÓN

En mitad de un acalorado debate televisivo, el moderador no puede resistir la tentación y acaba soltando su opinión.

Como es natural, algunos de los tertulianos se sienten atacados y se ponen rápidamente a discutir con él.

Entonces el programa se convierte en un auténtico gallinero. No hay nadie al mando y cuando el moderador intenta recuperarlo nadie le hace caso precisamente porque están discutiendo con él.

Cuando el líder entra en la discusión pierde su posición.

Lo más probable es que se haya olvidado del «cómo» y se haya embarrado en el «qué» hasta las trancas.

Ya nadie está al mando y recuperarlo le puede resultar muy difícil.

Si se pone jerárquico, estará mostrando su debilidad. Quedará claro que no le queda otro recurso para manejar la situación que tirar de sus galones.

Él mismo se habrá desautorizado.

Por eso el líder no discute jamás.

Porque en cuanto discute, ya no es el líder sino uno más.

Escucha en silencio todas las intervenciones, por muy desafortunadas que sean. Cuando ha terminado la última de ellas, espera un instante para asegurar que nadie tiene nada más que añadir.

Entonces, y solo entonces, tras el vacío que ha generado ese silencio da su veredicto e instrucciones.

–No me habéis convencido. Dadle otra pensada al asunto y si os parece necesario, lo volvemos a hablar más adelante. Pasemos al siguiente tema...

La frase «no me habéis convencido» es muy poderosa. Porque devuelve al líder a su posición. No es él quien tiene que convencer al equipo de nada. Si acaso es el equipo el que tiene que convencer al líder para que tome una determinada decisión.

Si el líder se pone a discutir, entonces tácitamente está comunicando lo contrario.

Está cargando sobre sus espaldas una responsabilidad que, además de no corresponderle, es imposible de satisfacer y le coloca en una posición débil.

—No me habéis convencido. Sinceramente no veo la conexión que decís entre el seguro de vida y la próxima revisión salarial. Si os parece bien, y nadie tiene nada más que añadir, lo podemos dejar aquí y pasar al siguiente tema...

Tampoco él les ha convencido, pero ha evitado alimentar esa energía tan negativa.

Y ha mantenido sólida su posición.

EL CONSULTOR PREÑADO

«Fíjate en lo que concierne a las parteras, y comprenderás mejor lo que quiero decir.

Ya sabes que ninguna de ellas, mientras puede concebir y tener hijos, se ocupa en partear a las demás mujeres, y que no ejercen este oficio sino cuando ya no son susceptibles de preñez».

Así es como en uno de los Diálogos de Platón, Sócrates le explica a Teeteto el requisito necesario para ayudar a otros a alumbrar la verdad.

Ser estéril en conocimiento. No saber de lo que se habla.

De lo contrario, quien pretende ayudar puede ponerse a «parir» sus propios bebés o ideas y entonces quien vino a ser asistido queda abandonado a su suerte.

El desconocimiento del consultor acerca de lo que se habla en el equipo es su mejor baza para centrarse fácilmente en el «cómo» y no prestar la menor atención al «qué».

Si conoce aquello de lo que se habla, entonces está preñado, se puede poner a parir en mitad del parto de su cliente y ya no le es útil.

Cuanto menos sepa, mejor.

Porque solo desde esa posición ignorante puede ayudar al líder, quien está obligado a repartir su atención simultáneamente entre el «qué» y el «cómo».

En ese rol tan difícil que tiene el líder, lo más habitual es verse arrastrado por el contenido y olvidar el proceso.

Pero entonces pierde su posición, interfiere en el trabajo del equipo y se convierte en un obstáculo más para el alto rendimiento.

El papel del consultor consiste precisamente en ayudarle a recuperar la posición correcta.

Cualquier otra aportación supone de nuevo interferir, y en lugar de ayudar perjudica el posicionamiento del líder.

FACTURAR POR HORAS

Uno de los mayores problemas que tenemos los consultores es que facturamos por horas.

Así transmitimos el concepto equivocado de que el valor que aportamos es proporcional al tiempo que hemos dedicado.

Pero en realidad si puedo ayudar a mi cliente en una hora, para él es mucho mejor que si lo logro después de tres meses.

Como consultor es muy fácil quedar atrapado en la seducción de la facturación. No solo porque resulta muy rentable, sino también porque crear dependencia en nuestros clientes engorda nuestro ego.

Pero entonces perdemos nuestra posición de manera lamentable.

El consultor eficaz es un ferviente adorador del principio de elegancia. Su fijación es conseguir lo máximo con lo mínimo.

Y desaparecer lo antes posible.

EL PROCESO SIN PROCESO

La manera de entender la consultoría de equipos que aquí planteo da mucho respeto si nos asusta la ambigüedad.

Porque es un proceso nada convencional, donde acompañamos al equipo casi sin ideas preconcebidas, sin objetivos y sin plan.

Es un proceso sin proceso.

Como no hay guion no hay donde agarrarse.

No hay PowerPoints. Así nos enfocamos en la realidad tangible.

No hay *offsites* llamativos o juergas por el estilo. Así es posible encontrar la conexión profunda en el trabajo diario.

No impulsamos la creación de una misión, una visión, unos principios, unos valores, unos objetivos, unos procesos... Así pueden desarrollar sus propias herramientas a medida.

No tratamos a todos los equipos por igual. Así permitimos que puedan ser únicos.

No forzamos a nada ni a nadie. Así facilitamos un crecimiento espontáneo y natural.

No nos importa el contenido y así nos enfocamos en el *flow* para propiciar el mejor resultado posible.

No podemos vender un producto concreto, porque nos dedicamos a la artesanía y la obra solo se conoce una vez acabada.

No hay manera de buscar clientes; tienen que ser ellos los que nos busquen a nosotros.

Porque por mucho que nos esforcemos en dar explicaciones, en realidad es muy difícil entender este enfoque sin haberlo experimentado antes.

MAGIA

El ilusionista Kevin James aparece en el escenario disfrazado de médico con su bata, su estetoscopio, su mascarilla... y una sierra mecánica.

Su ayudante, también disfrazado de enfermero, con su bata, su gorrita, sus zuecos y su mascarilla, está empujando una camilla y la coloca a la vista de todos.

A continuación, con un violento movimiento de sierra, el mago le parte en dos.

Ante la mirada atónita de los espectadores, su torso cae encima de la camilla y empieza a caminar con sus dos manos. Realmente se ha quedado sin piernas porque por debajo de su cintura es evidente que no hay nada.

Entonces el mago y dos ayudantes colocan el torso y las piernas en otra camilla y las vuelven a pegar con cinta aislante.

El camillero se levanta de golpe y se marca un baile marchoso como si nada hubiera pasado. El público estalla en aplausos.

En realidad el truco de Kevin James es de lo más simple.

No hay un ayudante sino dos. Y uno de ellos no tiene piernas.

En el momento de aparecer en el escenario, el ayudante con piernas tiene el torso metido dentro de la camilla y solo podemos ver sus piernas. El otro ayudante está sobre ellas y parece que sean las suyas.

Como todos van con mascarilla, nadie se da cuenta a lo largo del truco de que son dos personas diferentes.

Es verdad que el truco es bien simple. Pero resulta dificilísimo de ejecutar.

Hace falta ser un contorsionista experto para poderse colocar de esa manera en la camilla. Y además la precisión de los rápidos movimientos con los que se va sucediendo la coordinada coreografía solo puede alcanzarse tras cientos, si no miles, de horas de práctica.

Los mejores trucos del mundo son siempre los más simples, pero también son los más difíciles de ejecutar porque requieren de una gran habilidad.

Lo mismo ocurre con el desarrollo de equipos de alto rendimiento.

El truco que desata su magia es bien simple: más comunicación y de más calidad. Pero que sea simple no significa para nada que sea fácil.

Ser capaz de separarse del «qué» para poder centrarse en el «cómo», ser capaz de dar juego para dominar el terreno, aprender a marcar el ritmo, aprender a reformular, a validar...

En definitiva, aprender a intervenir sin interferir requiere de mucha experiencia y horas de práctica hasta que el líder es capaz de hacerlo de manera fluida.

Pero llega un momento en el que parece que casi no hace nada y con un ligerísimo toque es capaz de impulsar al equipo con energía hacia el éxito y los resultados.

Por eso parece que esté haciendo magia.